Fit für den ...
Schulstart

Mein Übungsbuch

Text: Kirstin Gramowski, Sonja Reichert, Julia Meyer u. a.
Illustration: Guido Wandrey, Johannes Blendinger
und Johannes Mennig

TESSLOFF

Vorwort

Liebe Eltern,

sicher freut sich Ihr Kind schon lange auf die Schule. Damit der Start richtig gut gelingt, bereitet dieses Heft gezielt auf drei wichtige Bereiche vor: Mit Aufgaben zu Lauten und Buchstaben sowie verschiedenen Schwungübungen wird eine solide Basis für das Lesen und Schreiben geschaffen. Übungen zum Zahlenverständnis und zur Raumvorstellung machen fit für das Fach Mathematik. Und in dem großen Kapitel Wahrnehmung und Konzentration übt Ihr Kind, sich mit seiner ganzen Aufmerksamkeit einer Aufgabe zu widmen.

Diese Aufgabensymbole helfen Ihrem Kind, selbstständig zu arbeiten:

- malen
- einkreisen
- ankreuzen
- nachspuren
- Silbenbögen zeichnen
- verbinden

Und das Beste ...

Die lustigen Ameisen motivieren Ihr Kind und begleiten es durch das Buch.
Denn das Allerwichtigste ist und bleibt:
die Freude am Lernen!

Inhaltsverzeichnis

Linien nachfahren

Kannst du den Flugbahnen folgen? Sieh dir die Linien an und fahre sie dann mit verschiedenen Farben nach.

Einen Weg nachspuren

Folge dem Pfad. Vorsicht, komme nicht vom Weg ab!

Einen Weg nachspuren

Wie kommt der Pirat zu seinem Schatz? Spure den Weg nach, ohne die Linien zu berühren.

Spure die Schleifen der Achterbahn nach, ohne die Linien zu berühren.

Ein Bild weitermalen

Vervollständige das Bild und male es kunterbunt aus.

Schwünge üben

Kannst du den Sprüngen der Kängurus folgen? Fahre die gestrichelten Bögen nach.

Die Grashüpfer hüpfen über die Wiese. Zeichne ihre Sprünge weiter.

Schwünge üben

Folge den Fluglinien der Ufos.

Schwinge die Bögen weiter und vervollständige das Bild. Male es dann bunt aus.

Schwünge üben

Die Kinder sammeln Ostereier. Hilfst du ihnen? Spure ihren Weg nach.

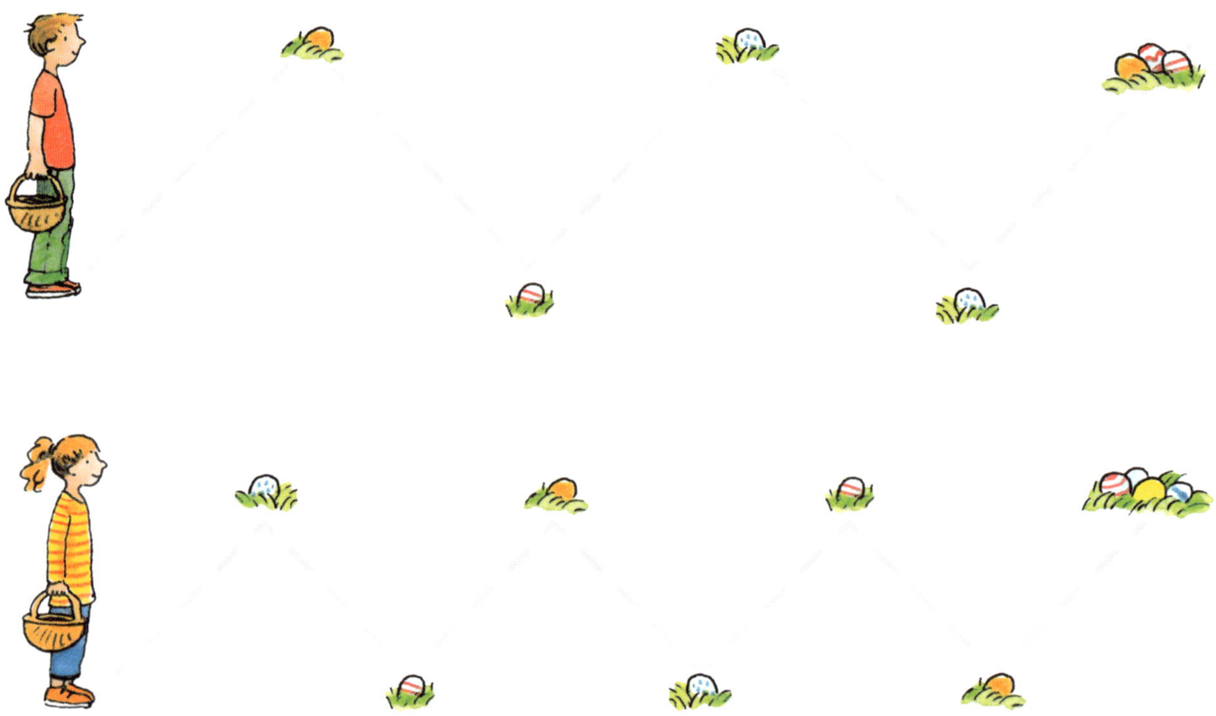

So viele Wellen! Fahre die gestrichelten Linien mit einem blauen Stift nach.

Schwünge üben

Die Flugzeuge fliegen lustige Loopings.
Spure sie nach und schwinge sie weiter.

Der Pinguin läuft Schlittschuh. Fahre seine Spuren nach.

Schwünge üben

Der Frosch pustet viele Seifenblasen. Fahre sie bunt nach.

Schwünge üben

Die Fee will Sterne zaubern. Hilf ihr und fahre die Sterne mit einem gelben Stift nach.

Schwünge üben

Fahre die Linien nach.

Schwünge üben

Übe auch noch diese Schwünge. Verwende für jeden Schwung eine andere Farbe.

Spure die Linien der Tannenbäume mit einem grünen Stift nach.

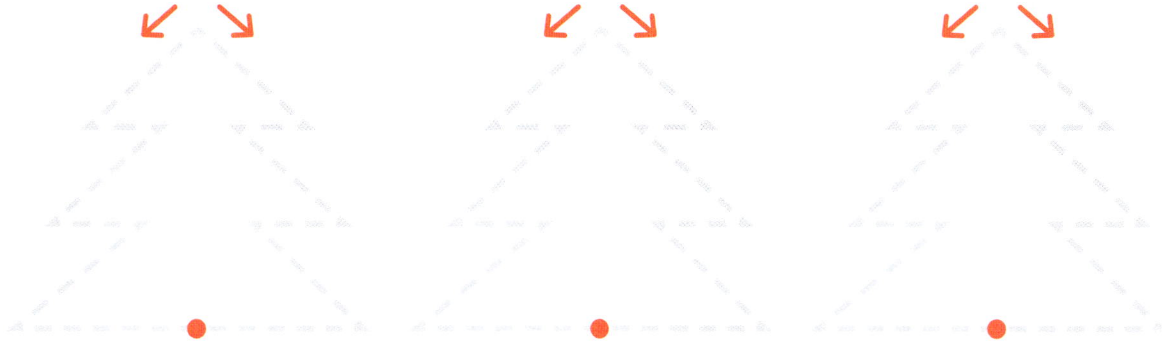

Anlaute erkennen

Welche Wörter beginnen mit demselben Laut? Verbinde immer zwei Bilder.

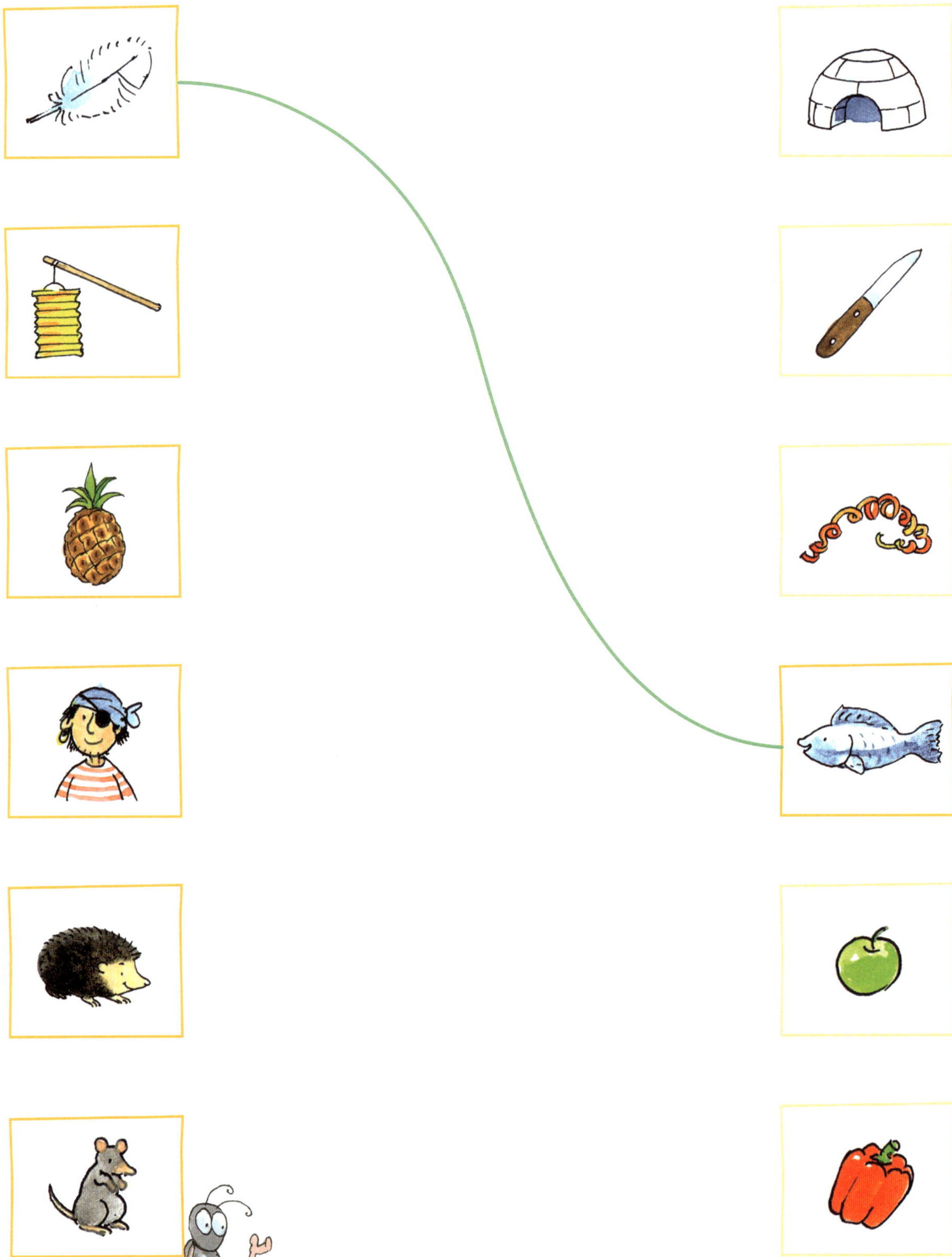

Anlaute erkennen

Welche Wörter beginnen mit demselben Laut wie das bunte Bild?
Male diese Bilder aus.

Anlaute erkennen

Suche alle Dinge, die mit einem **D** beginnen.
Kreise nur diese Dinge ein.

Anlaute erkennen

Suche alle Dinge, die mit einem **S** beginnen.
Kreise nur diese Dinge ein.

Anlaute erkennen

Mit welchem Buchstaben beginnen die Wörter? Verbinde jedes Bild mit seinem Anfangsbuchstaben.

E

I

A

U

O

Anlaute erkennen

Mmmh, welches
Wort klingt am Anfang
anders?

Welches Wort gehört nicht dazu? Kreise es ein.

Reime finden

Welche Wörter reimen sich? Verbinde immer zwei Bilder.

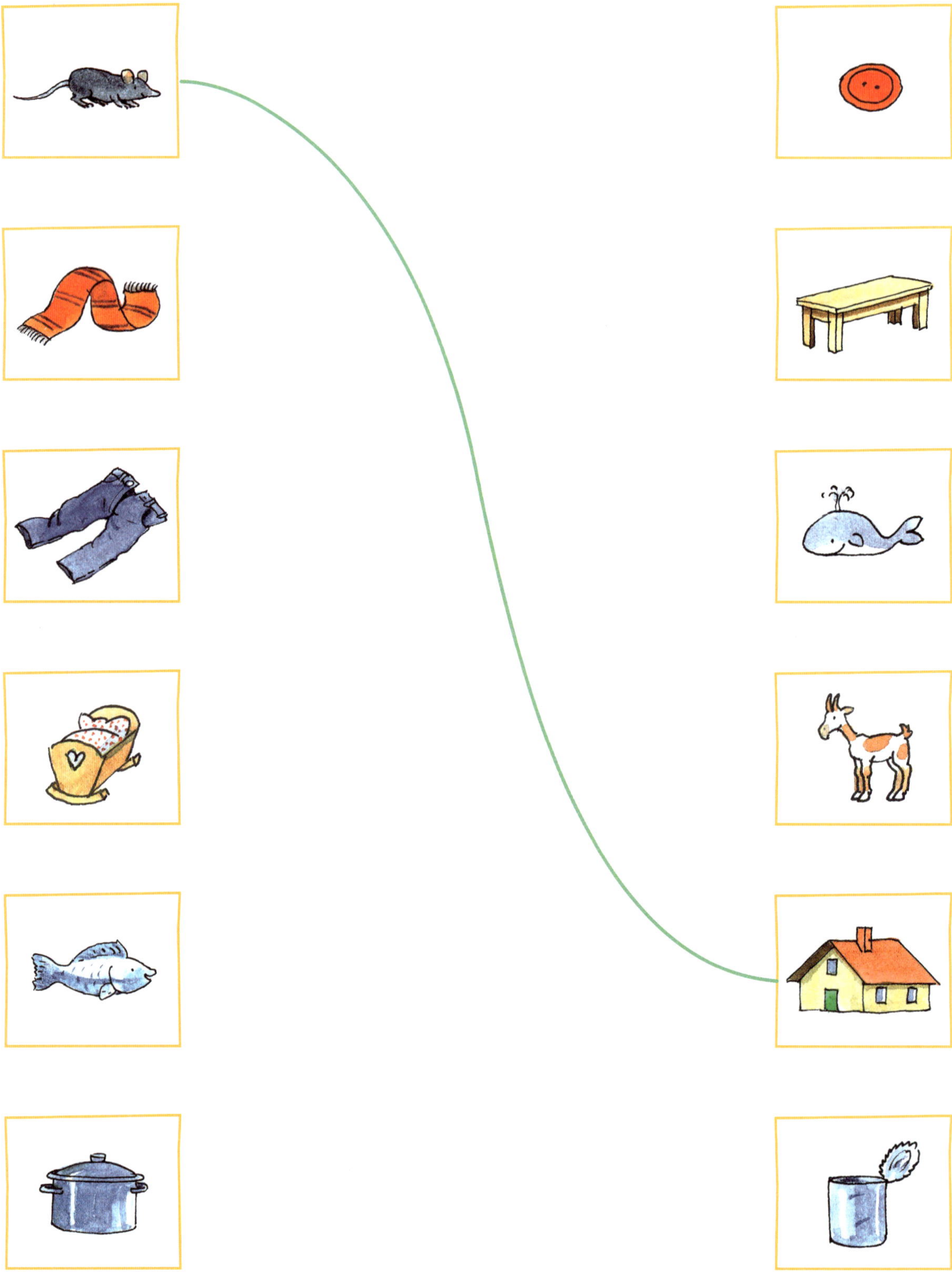

Reime finden

Welches Wort reimt sich nicht auf die beiden anderen? Kreise es ein.

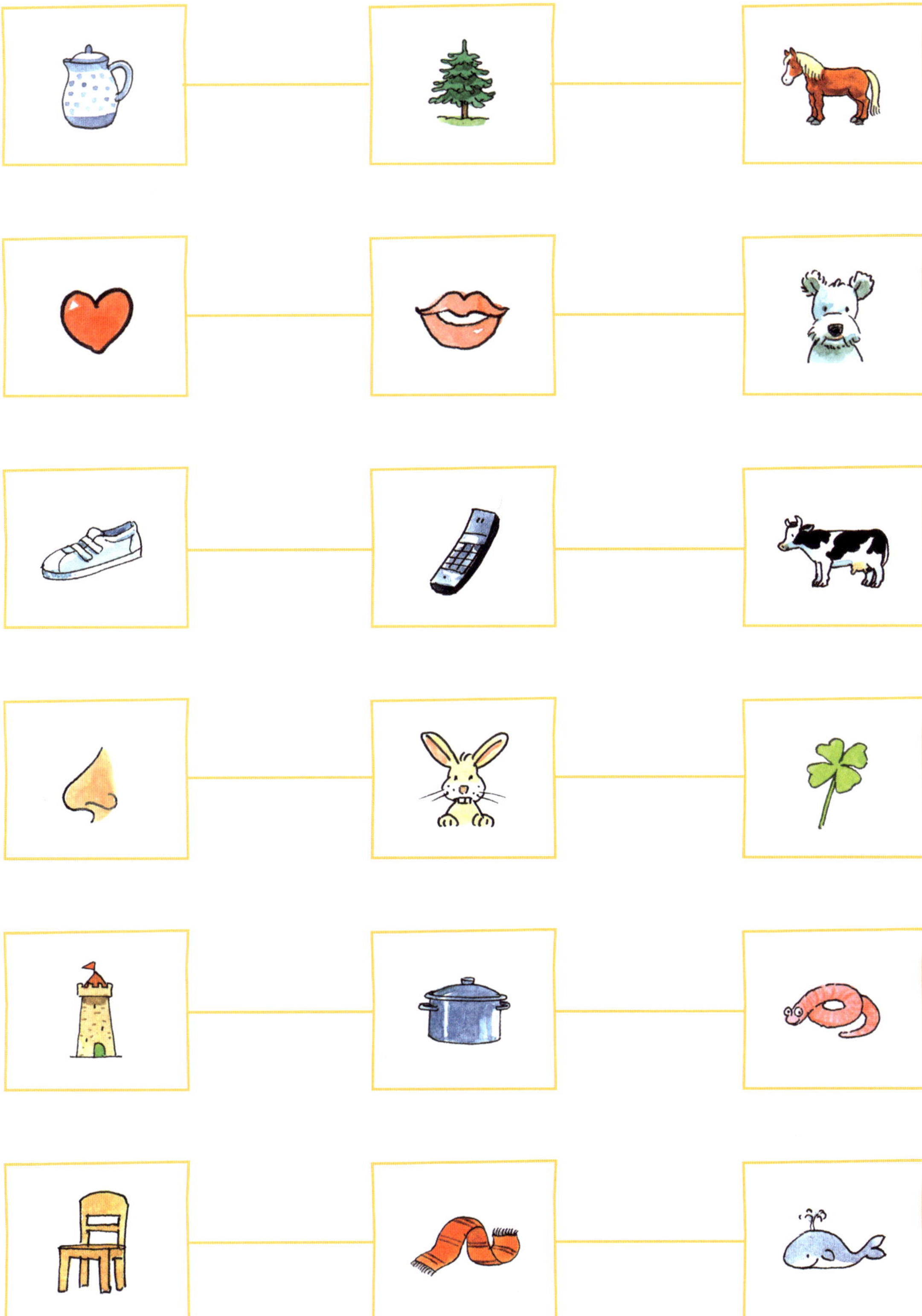

Silben erkennen

Wie viele Silben hat das Wort? Klatsche und zeichne die Silbenbögen.

Silben erkennen

Was tun die Kinder? Sprich die Wörter und zeichne die Silbenbögen.

Wie viele Silben hat jedes Wort? Verbinde die Bilder mit den richtigen Silbenbögen.

Silben erkennen

Wie viele Silben hat das Wort? Klatsche und zeichne die Silbenbögen.

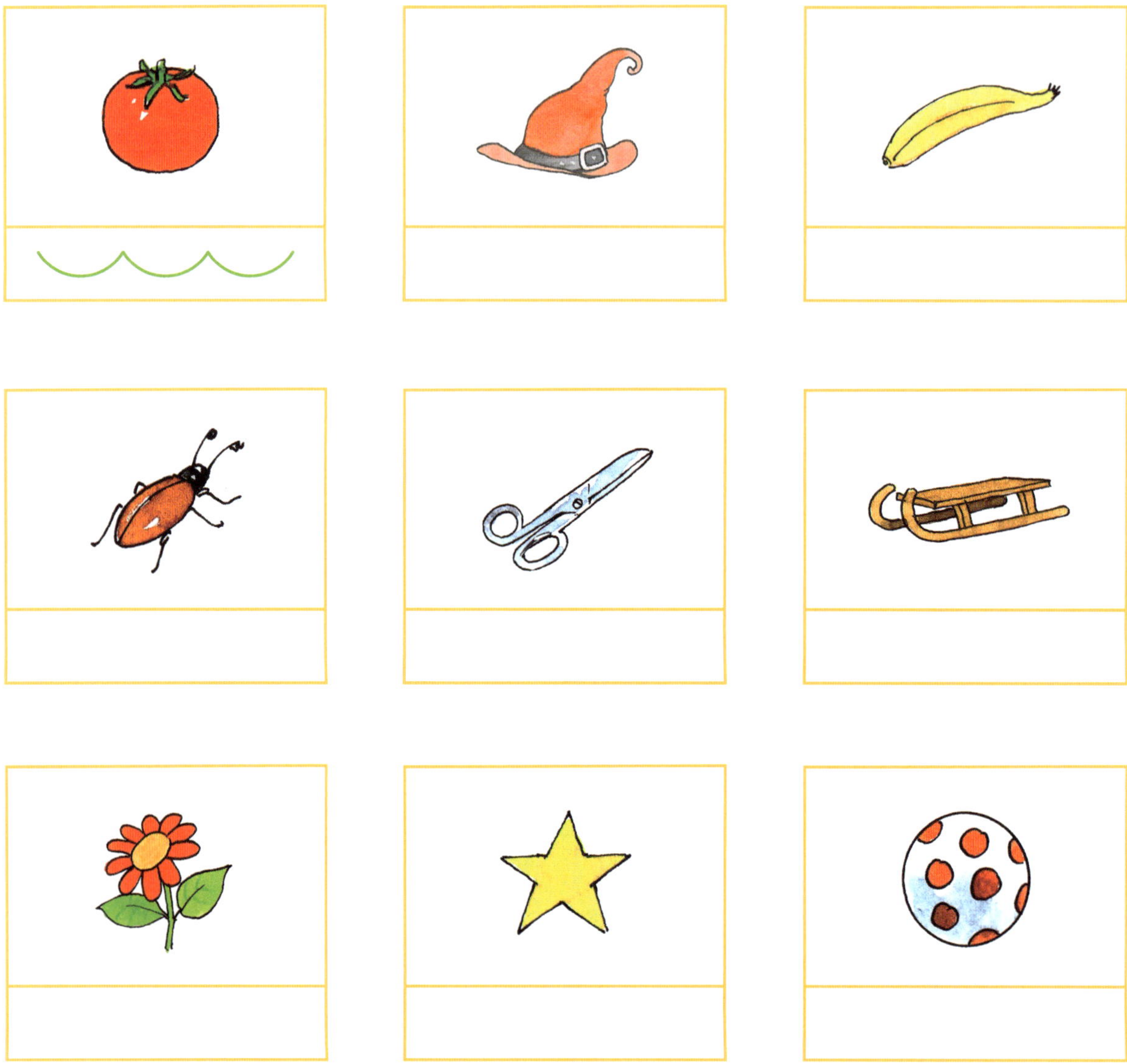

Wortlängen unterscheiden

Welches Wort ist länger? Kreuze das richtige Bild an.

☐ ☒

☐ ☐

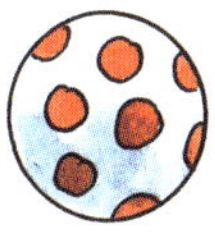 

☐ ☐

☐ ☐

☐ ☐

☐ ☐

☐ ☐

☐ ☐

☐ ☐

☐ ☐

Wortlängen unterscheiden

Welches Wort ist kürzer? Kreuze das richtige Bild an.

Welches Wort ist das kürzeste? Kreuze das richtige Bild an.

Welches Wort ist das allerlängste? Kreuze das richtige Bild an.

Gleiche Bilder entdecken

Was findest du in jedem Bild einer Reihe wieder? Kreise ein.

Oberbegriffe erkennen

Welcher Gegenstand passt nicht in die Reihe? Kreuze ihn an.

Oberbegriffe erkennen

In jedem Rahmen passen zwei Bilder zusammen. Male diese beiden Bilder bunt aus.

Buchstaben erkennen

Findest du alle Buchstaben? Kreise sie ein.

Kreise alle Buchstaben ein.

5 A 6 △

K ⬠ E U

M

T □ 3 2 ▭

Buchstaben erkennen

Augen auf! Finde alle **A** und male die Felder grün an.

Kreise alle **R** gelb, alle **F** grün und alle **D** rot ein.

D F R

R

F T N F D

D

W M R P

Buchstaben erkennen

Finde alle **K** und male die Felder grün an.

Finde alle **W** und male die Felder dunkelblau an. Die Felder mit **V** malst du hellblau an.

Buchstaben schreiben

Fahre die Buchstaben nach. Achte dabei auf die Pfeile.

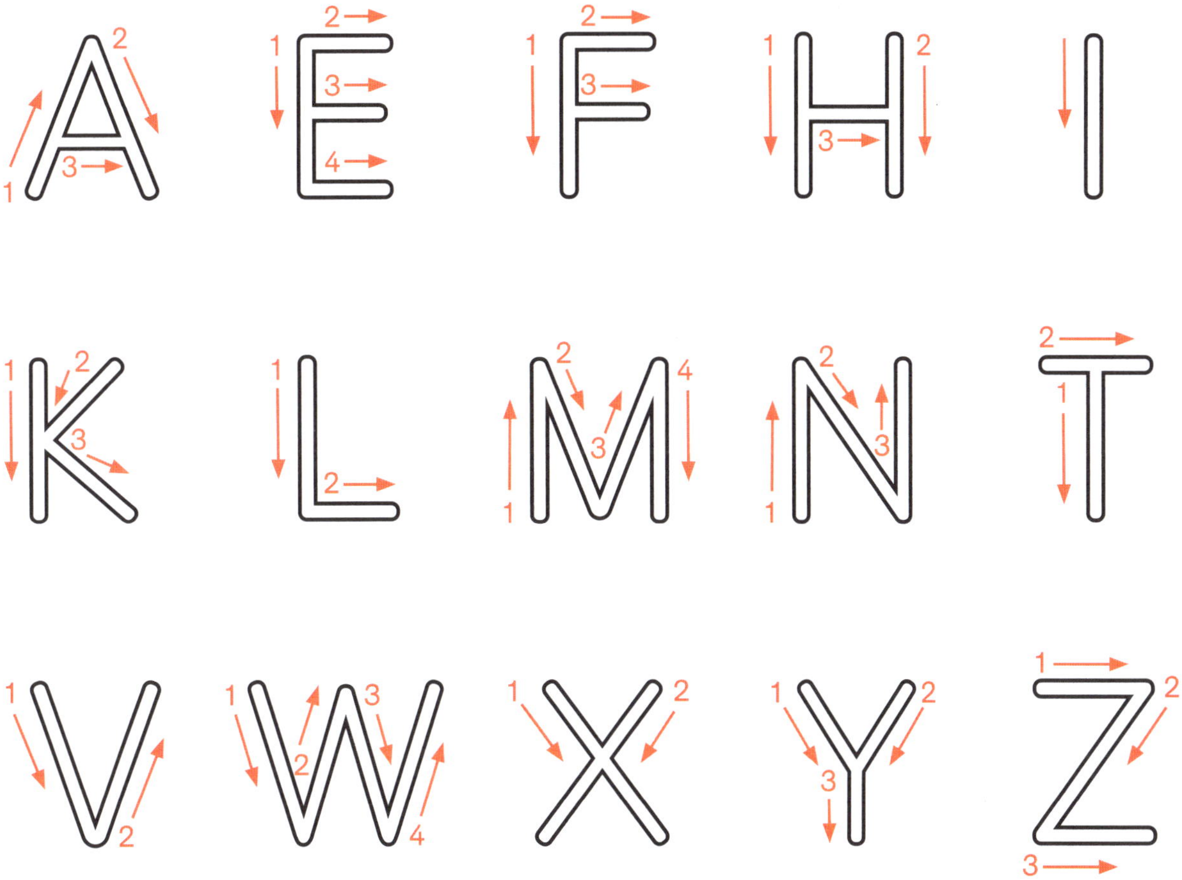

Buchstaben schreiben

Fahre die Buchstaben nach. Achte dabei auf die Pfeile.

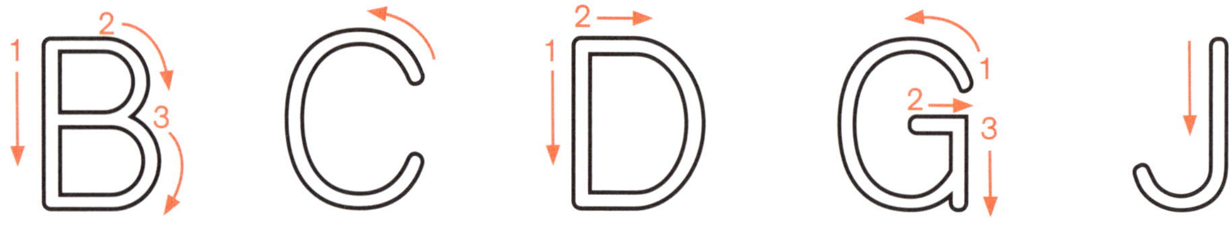

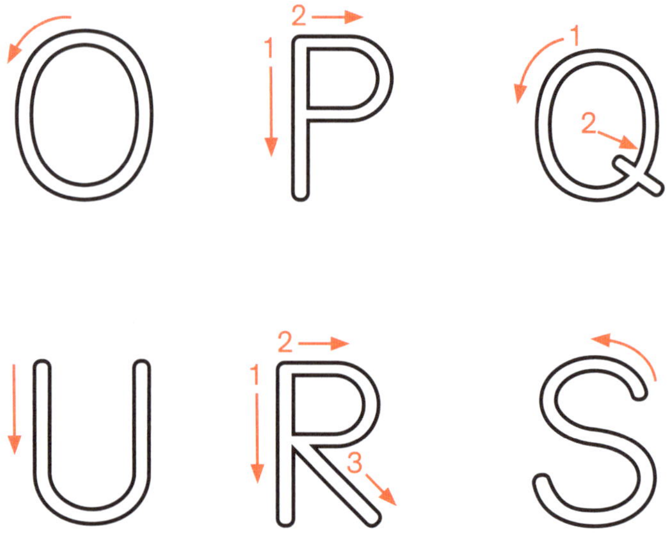

Mit welchem Buchstaben fängt dein Name an? Schreibe ihn dreimal hier in dieses Kästchen.

Buchstaben schreiben

Spure die Buchstaben nach. Schreibe dann selbst weiter.

A A A

E E E

L L L

H H H

M M M

W W W

Buchstaben schreiben

Spure die Buchstaben nach. Schreibe dann selbst weiter.

O O O

U U U

J J J

D D D

S S S

R R R

Das Tier-Alphabet

In diesem Gedicht kommt zu jedem Buchstaben ein Tier vor.
Welches ist dein Lieblingstier? Male es auf ein Blatt Papier.
Mit welchem Buchstaben beginnt es?

Affe, **B**är, **C**hamäleon –
siehst du es? Die feiern schon!
Dackel, **E**sel und **F**asan
kommen etwas später an.

Giraffe, **H**ahn und auch der **I**gel
betrachten sich noch schnell im Spiegel.

Jaguar, **K**amel und **L**öwe
warten draußen auf die **M**öwe.

Nashorn, **O**tter, **P**apagei
stürmen ’rein mit viel Geschrei.
Die **Q**ualle fragt die **R**ingelnatter:
Was ist denn das für ein Geschnatter?
Seepferdchen und **T**rampeltier
spielen schön auf dem Klavier.

Der **U**hu und der **V**ogel Strauß
toben durch das ganze Haus.

Nur der arme, alte **W**al
leidet ach so große Qual:
Suchte lang ein Tier mit **X**,
fand nur leider bisher nix!
Was machen **Y**ak und **Z**itteraal?

Die tanzen Tango durch den Saal!
Erst Mitternacht ist Ruh’ im Haus.
Gedicht und Party sind nun aus.

Mengen erfassen

Wie viele Tiere von einer Art gibt es? Male für jedes Tier einen Punkt in den Kreis.

Mengen erfassen

Male die Felder in den richtigen Farben aus.

Mengen erfassen

Wo sind gleich viele? Kreuze das richtige Kästchen an.

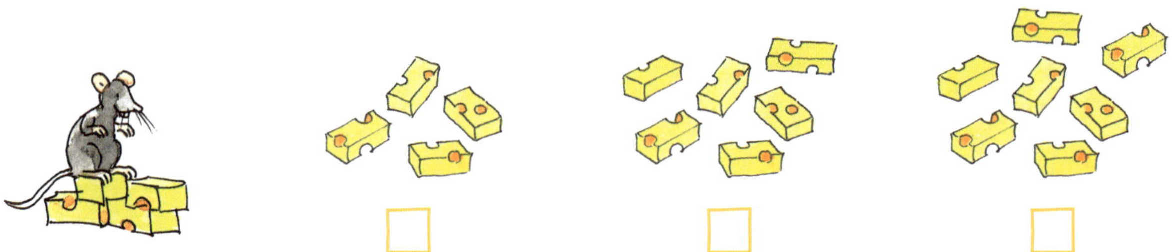

Wo sind am meisten? Kreuze an.

Mengen erfassen

Zähle die Tiere und verbinde jede Gruppe mit dem richtigen Würfelbild.

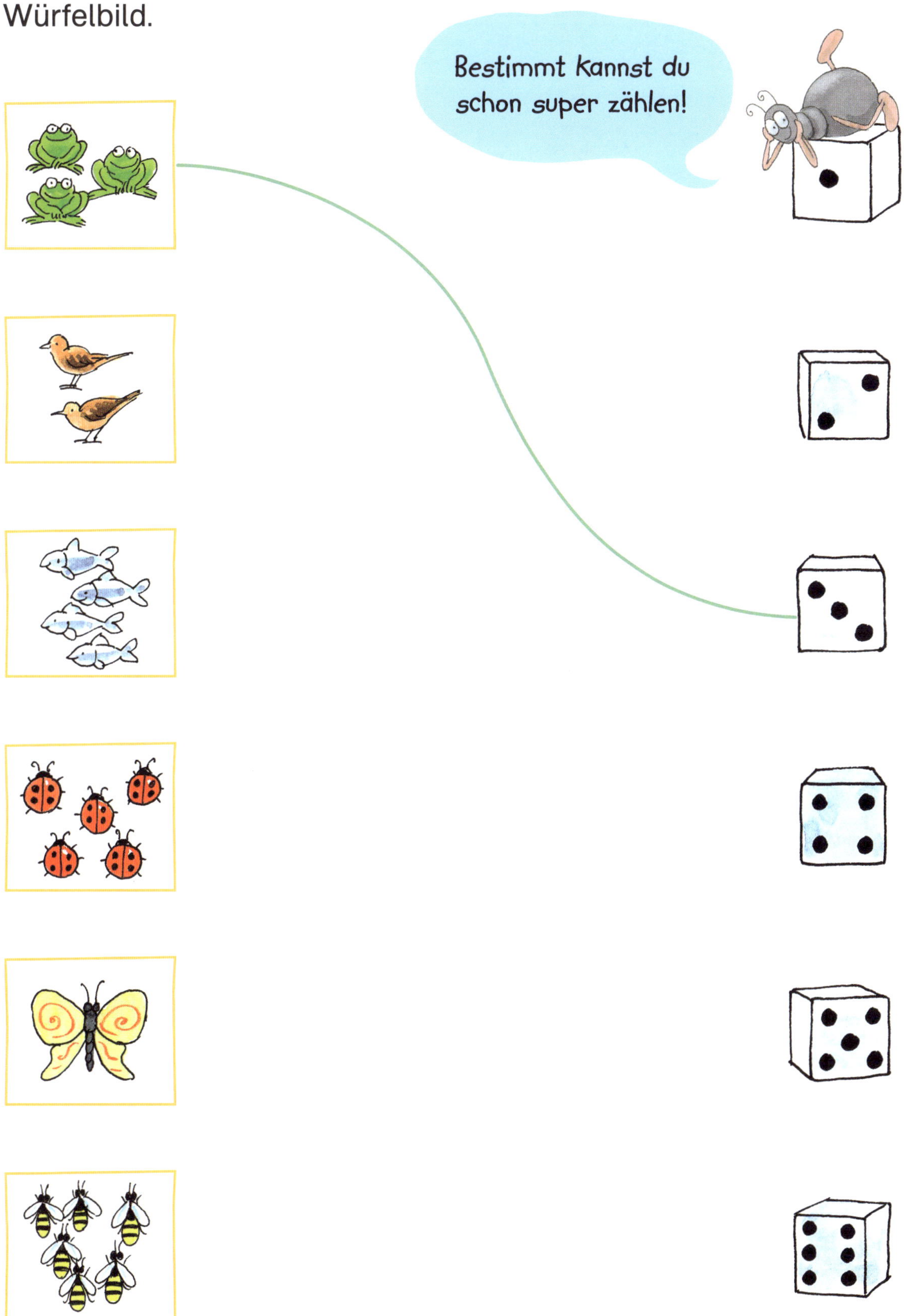

Mengen erfassen

Welcher Dominostein passt auf das leere Feld? Verbinde.

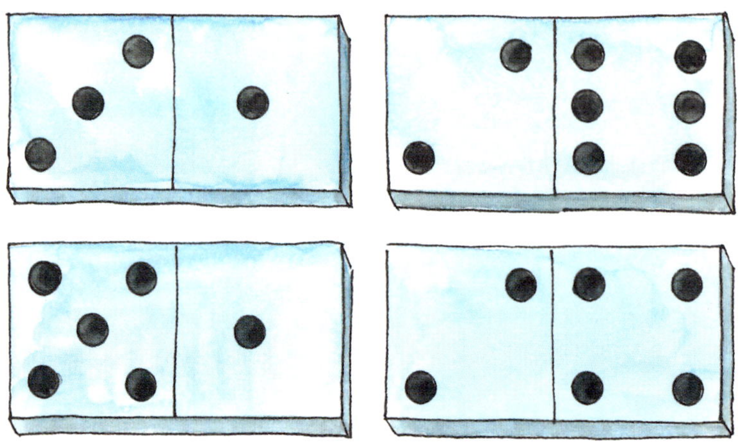

Zählen und bündeln

Kreise immer die gleiche Menge ein.

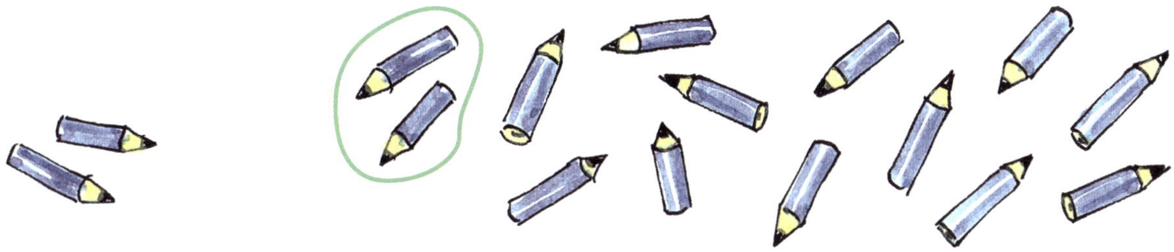

immer 2

immer 3

immer 4

immer 5

Zahlen bis 10 kennen

Findest du alle Zahlen? Male sie bunt an.

Zahlen bis 10 kennen

Verbinde die Felder, in denen eine Zahl steht. So findest du den richtigen Weg über den Seerosenteich.

Zahlen bis 10 kennen

Hier haben sich die Zahlen von 1 bis 9 versteckt. Findest du sie?
Male sie in verschiedenen Farben aus.

Zahlen bis 10 kennen

Male die Felder mit den Zahlen 1, 4 und 5 richtig aus. Was siehst du?

Zahlen bis 10 kennen

Zähle die Instrumente und kreise die richtige Zahl ein.

4 2 6 5 1

3 6 5 7 2

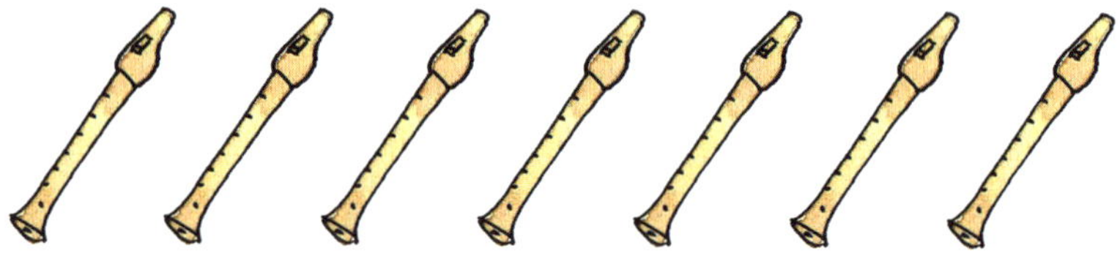

3 2 1 4 5

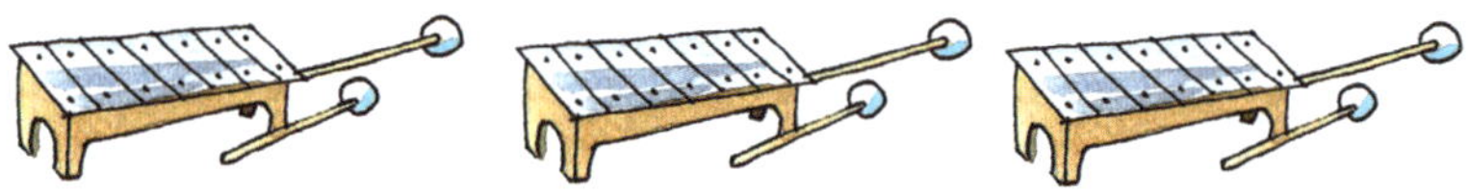

8 3 2 5 4

Fahre die Zahlen in Pfeilrichtung nach.

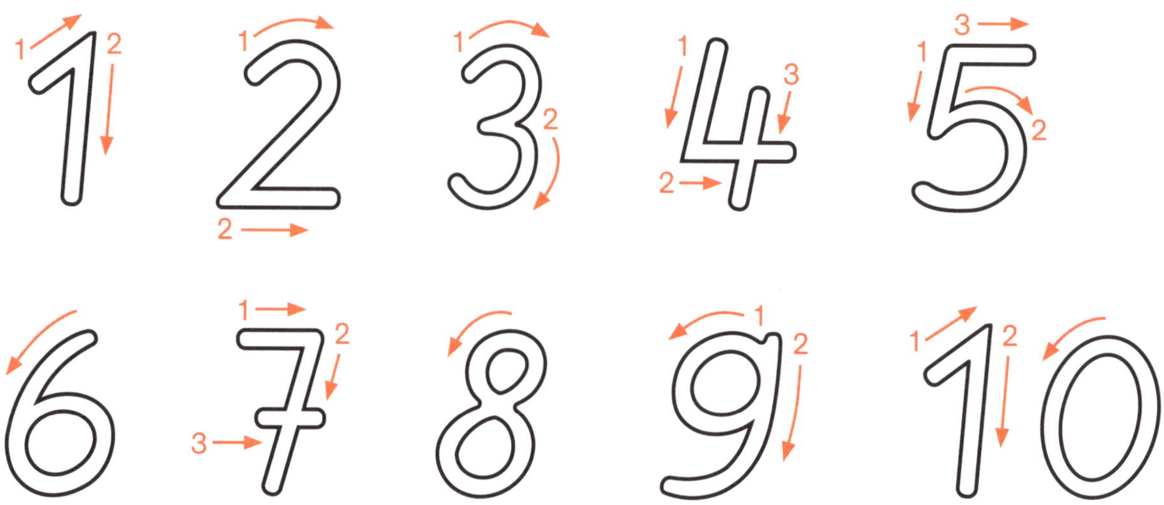

Zahlen bis 10 kennen

Spure die Zahlen nach. Schreibe dann selbst weiter.

2 2 2

3 3 3

4 4 4

5 5 5

7 7 7

8 8 8

Zahlen bis 10 kennen

Erkennst du die Zahlen? Vervollständige sie mit einem schwarzen Stift.

Zahlen bis 10 kennen

In jeder Reihe gehört eine Zahl nicht dazu. Kreise sie ein.

5 5 5 6 5 5 5 5

8 8 3 8 8 8 8 8

1 1 1 1 1 1 7 1 1

9 9 9 9 8 9 9 9

2 3 3 3 3 3 3 3

6 6 9 6 6 6 6 6

Zahlen bis 10 kennen

Zähle die Dinge. Male hinzu oder streiche weg, damit die Zahlen stimmen.

9

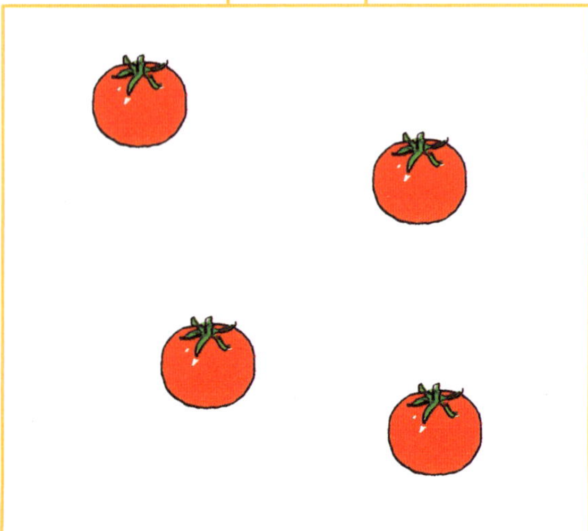

6

5

8

Zahlen bis 10 kennen

Zähle die Punkte und male jedem Käfer ein Blatt in der richtigen Farbe.

4 6 8

Zahlen bis 10 kennen

Verbinde die Zahlen von 1 bis 9 in der richtigen Reihenfolge.

Zahlen bis 10 kennen

Lies die Zahlen und male ein passendes Bild, wie im Beispiel.

 + 10 

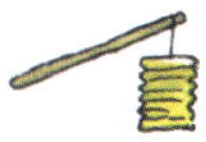 + 4 

 + 6 

 + 3 

 + 8 ●

 + 5 

Zahlen bis 10 kennen

Schreibe die fehlenden Zahlen auf die Trikots.

Zahlen bis 10 kennen

Schätze zuerst, wie viele Dinge es sind. Zähle dann und schreibe die richtige Zahl in das Kästchen.

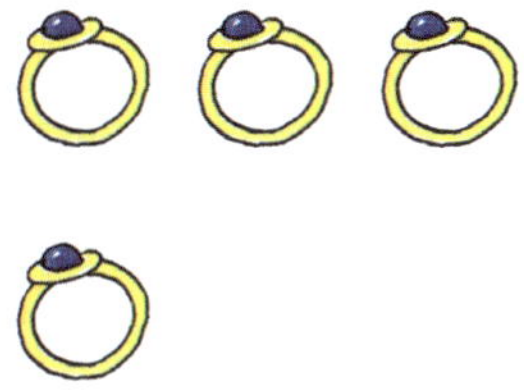

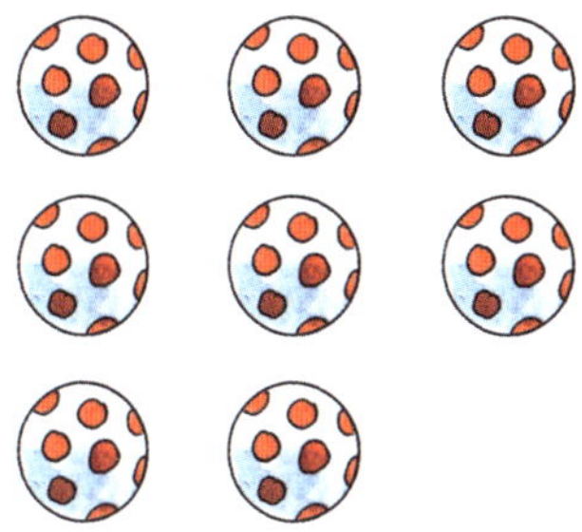

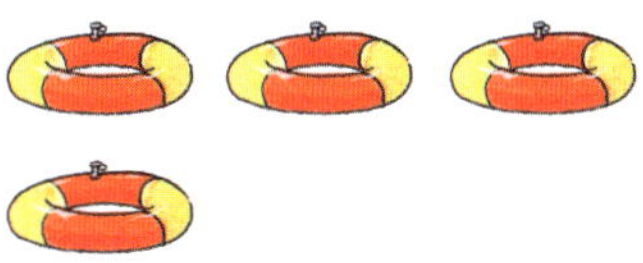

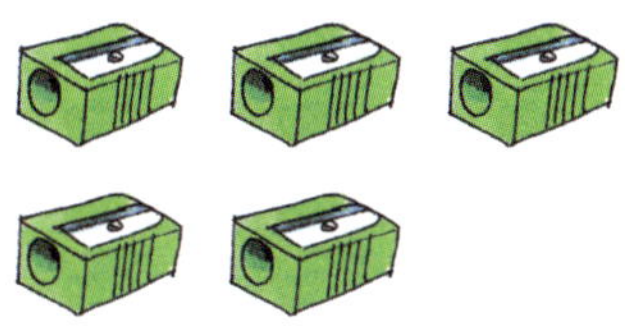

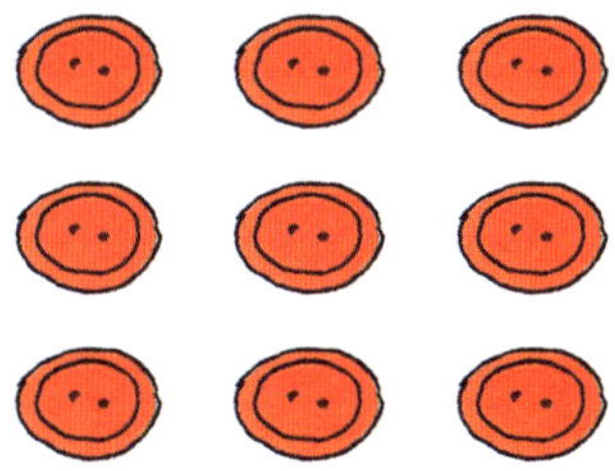

Rechengeschichten entdecken

Zähle die Tiere in jedem Bild und schreibe die passende Zahl darunter.

☐ + ☐ = ☐

☐ + ☐ = ☐

☐ – ☐ = ☐

Rechengeschichten entdecken

Vervollständige die Rechengeschichten: Trage die Zahlen ein und male.

3 + ___ = 4

4 – ___ = ___

___ – ___ = ___

Rechengeschichten entdecken

Verbinde jede Rechengeschichte mit der passenden Plus- oder Minusaufgabe.

$1 + 3 = 4$

$2 + 3 = 5$

$5 + 2 = 7$

$4 - 3 = 1$

$2 - 1 = 1$

Formen erfassen und unterscheiden

Wie heißt die Form? Male sie ganz oft in den leeren Rahmen.

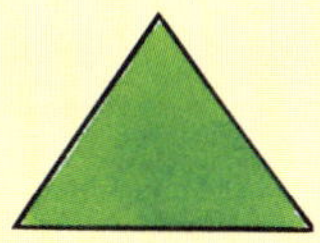

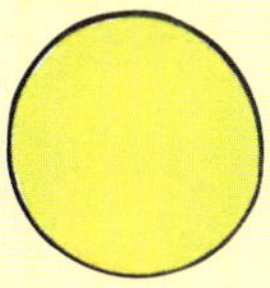

Formen erfassen und unterscheiden

Male die Formen in den richtigen Farben aus.

Formen erfassen und unterscheiden

Entdeckst du Kreis, Dreieck, Rechteck, Quadrat und Raute? Spure jede Form in einer anderen Farbe nach.

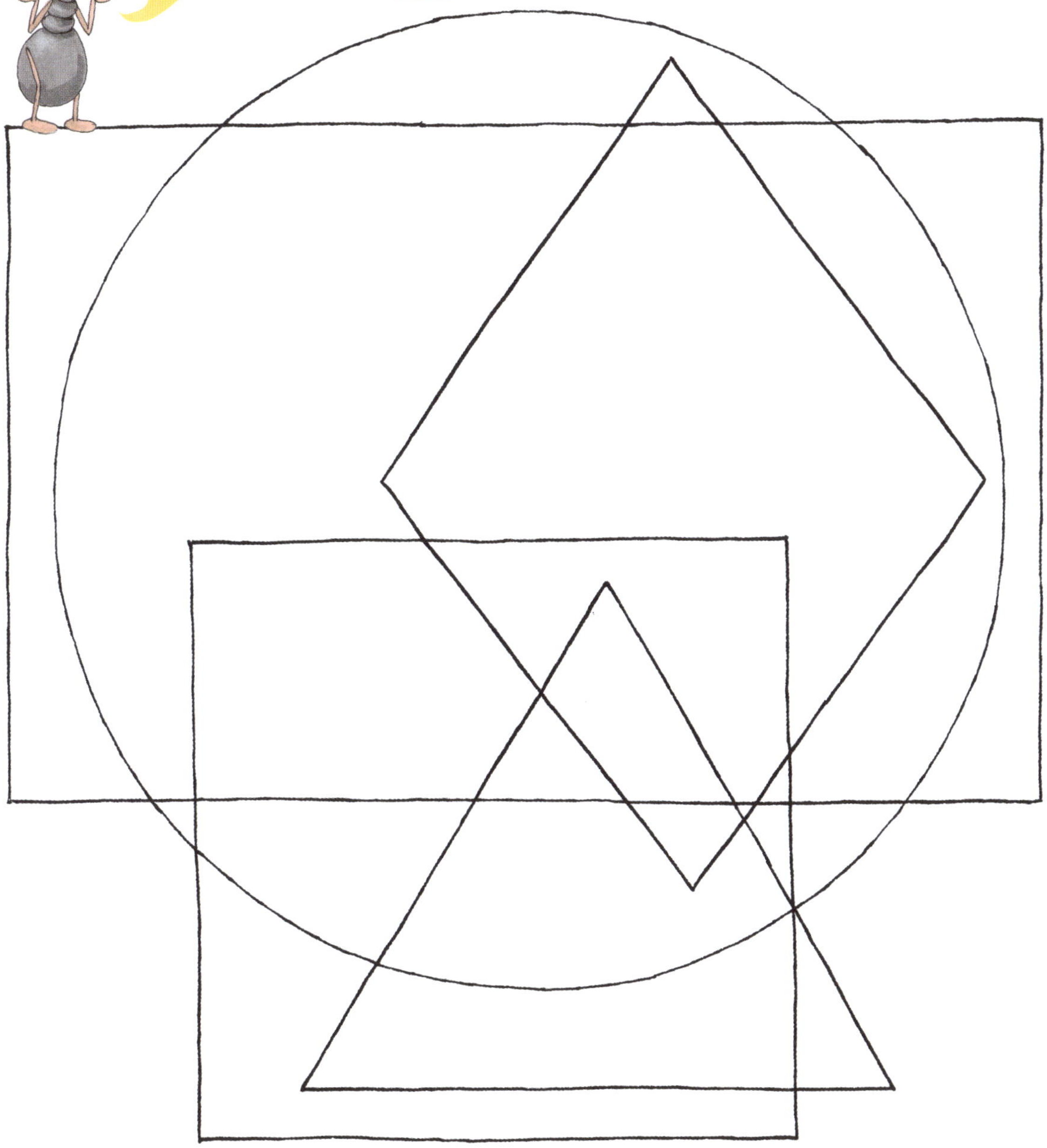

Formen erfassen und unterscheiden

Findest du die Formen im Bild wieder? Verbinde jede Form mit einem passenden Gegenstand.

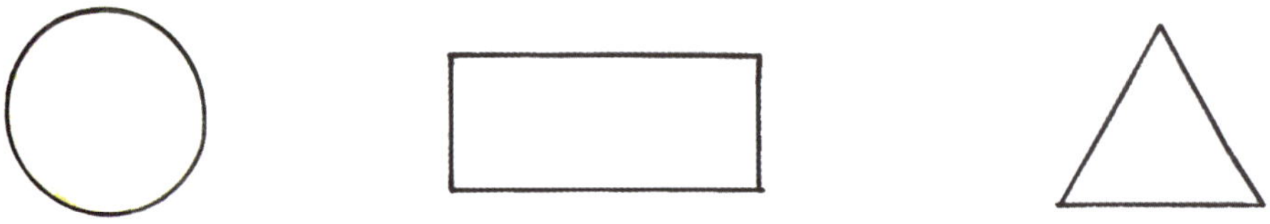

Formen erfassen und unterscheiden

Male die Felder in den richtigen Farben aus.

Mit Formen umgehen

Wohin gehören die Puzzleteile? Verbinde.

Mit Formen umgehen

Kannst du die Bilder nachzeichnen? Zeichne von Punkt zu Punkt.

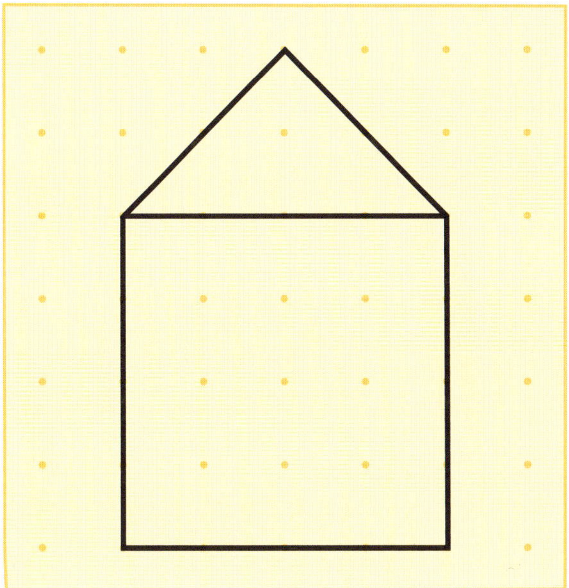

Mit Formen umgehen

Ergänze die Formen: Zeichne die zweite Hälfte dazu.

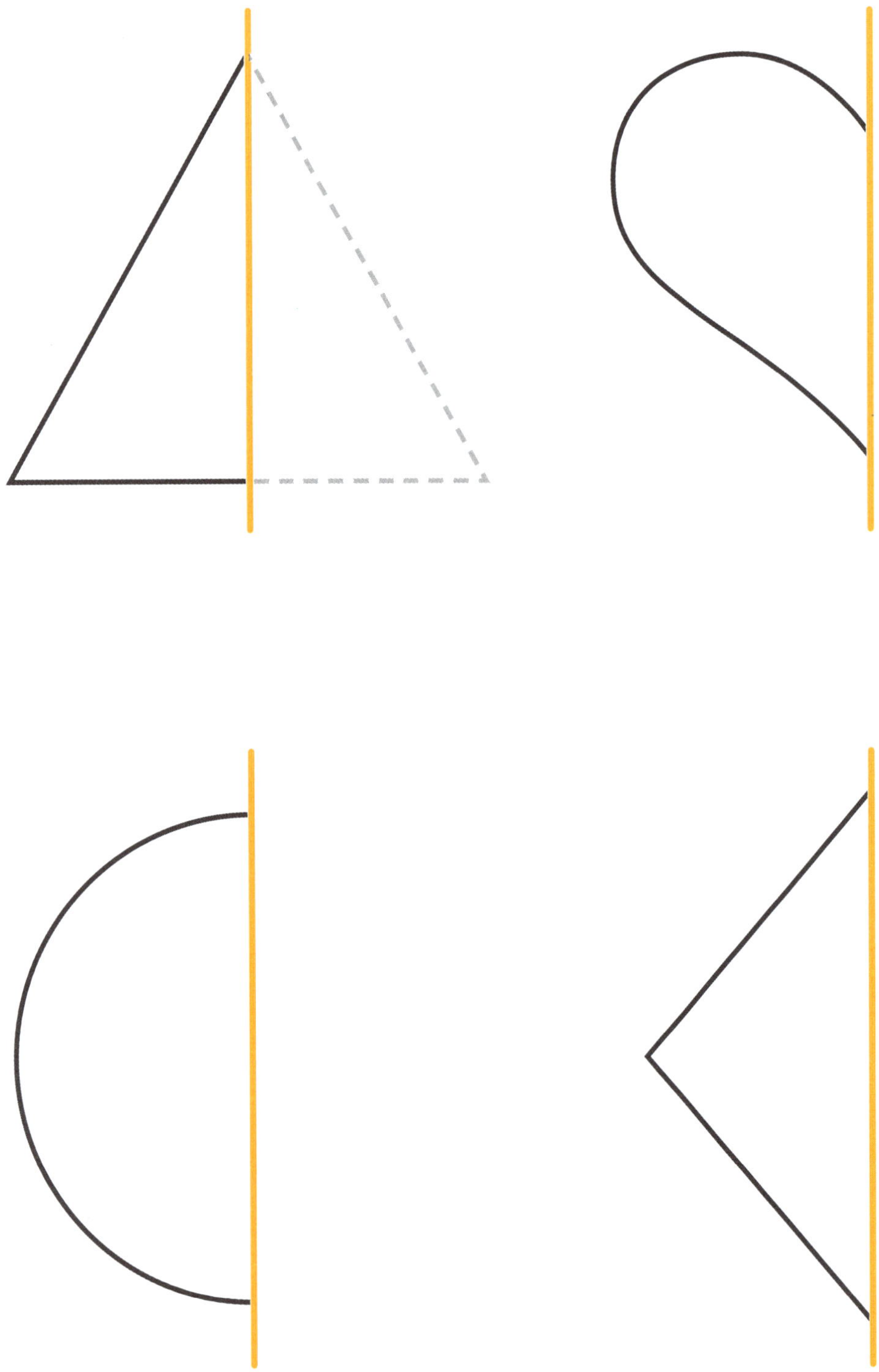

Mit Formen umgehen

Welche Figur kannst du mit den vorgegebenen Formen bauen? Kreuze an.

Mit Formen umgehen

Zeichne Bilder aus den vorgegebenen Formen: zuerst ein Haus, dann eine Lok und zuletzt eine Eule.

Farben erkennen und zuordnen

Findest du diese Dinge im großen Bild wieder? Nenne ihre Farben und male sie genauso aus.

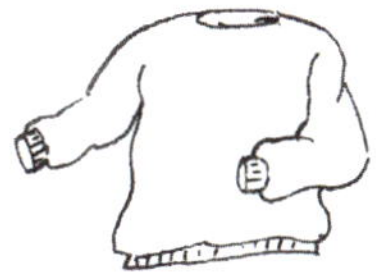

Farben erkennen und zuordnen

Immer eine Farbe fehlt in der Reihe. Male das weiße Bild in der fehlenden Farbe aus.

Farben erkennen und zuordnen

Male das untere Bild in den gleichen Farben aus wie das obere.

Farben erkennen und zuordnen

Im unteren Bild sind 5 Farben falsch. Kreuze die Fehler an.

Muster erkennen

Finde den passenden Flicken für jedes Kleidungsstück. Male ihn in den richtigen Farben aus.

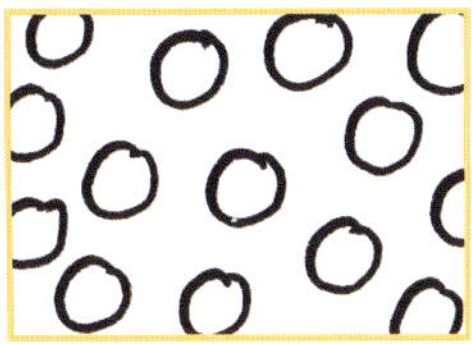

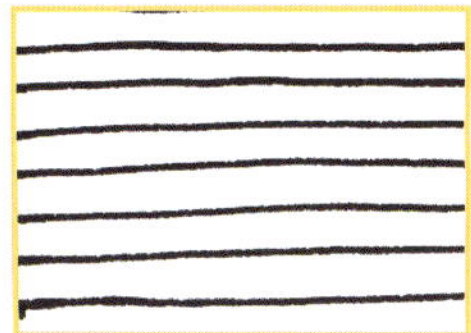

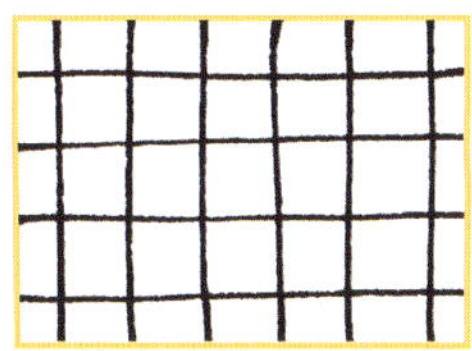

Reihen fortsetzen

Welche Farbe kommt als Nächstes? Setze die Reihenfolgen fort und male die Tiere richtig aus.

Reihen fortsetzen

Immer eine Form fehlt. Male sie in die Lücke. Denke an die richtige Farbe.

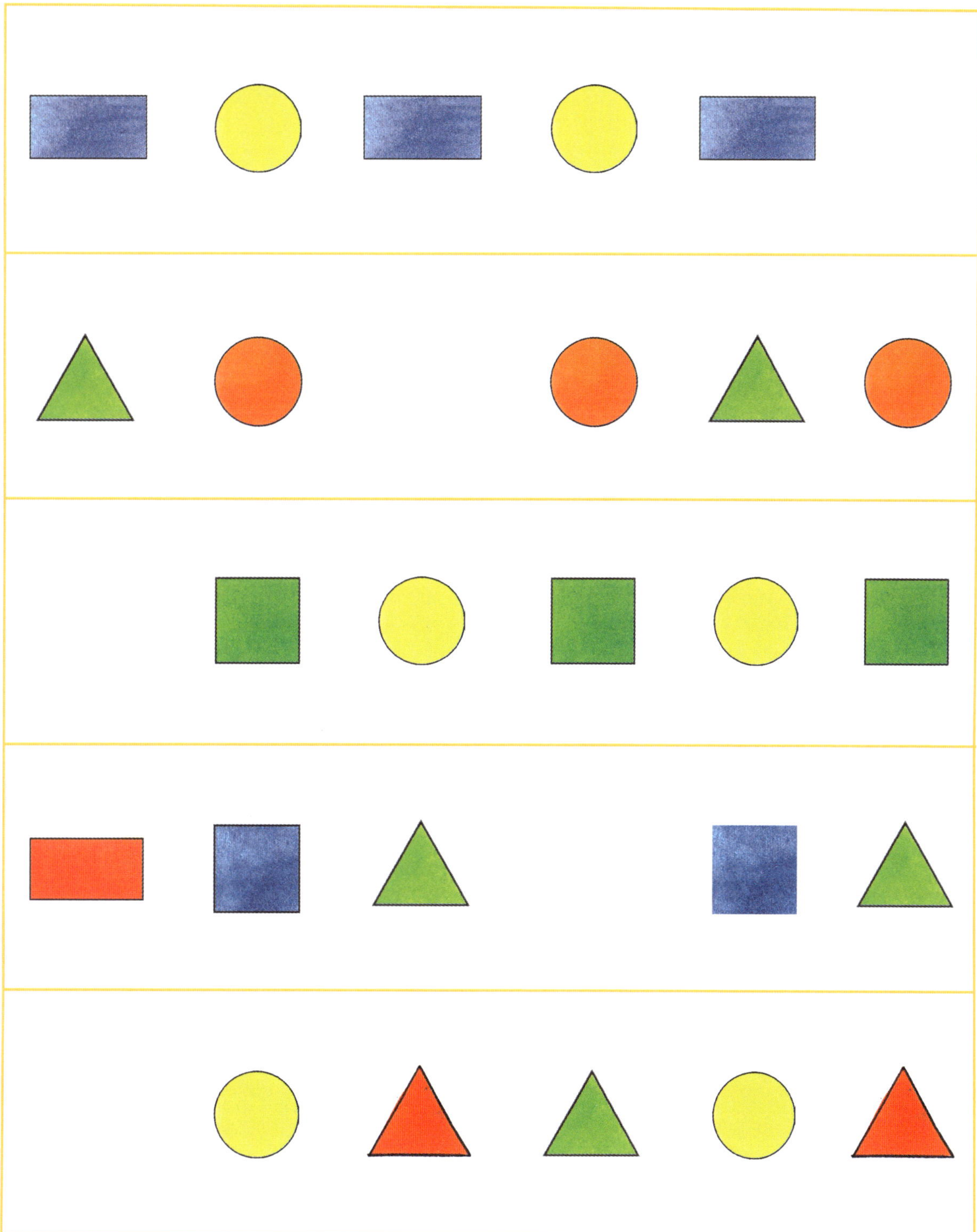

Reihen fortsetzen

Wie geht es weiter? Setze die Reihen richtig fort.

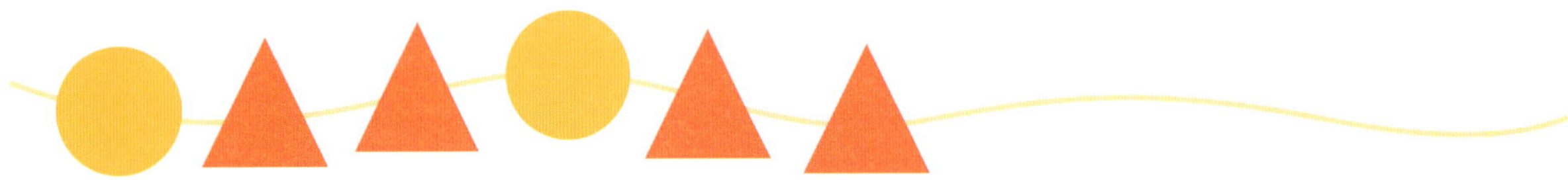

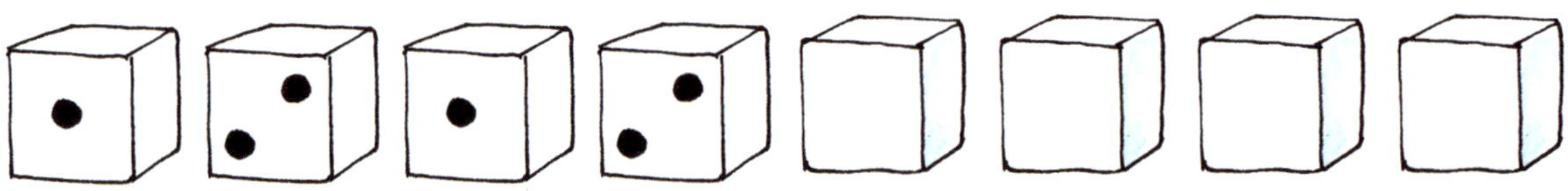

3 4 3 4

Reihen fortsetzen

Dreieck, Rechteck, Kreis, Quadrat – und dann wieder von vorne!

Verbinde die Formen in der richtigen Reihenfolge:

△ – ▭ – ○ – □ …

Figuren spiegeln

Male die Dinge so aus, dass beide Hälften genau gleich aussehen.

Mit Zeiteinheiten umgehen

Was passiert am Tag und was in der Nacht? Male zu jedem Bild entweder eine Sonne oder einen Mond.

Mit Zeiteinheiten umgehen

Male den Sommerbildern einen gelben und den Winterbildern einen blauen Rahmen.

Mit Zeiteinheiten umgehen

Verbinde die Bilder in der richtigen Reihenfolge.

Mit Zeiteinheiten umgehen

Zeichne zu jeder Uhrzeit den kleinen Zeiger ein.

3 Uhr

2 Uhr

5 Uhr

7 Uhr

8 Uhr

10 Uhr

Mit Zeiteinheiten umgehen

Was dauert länger? Kreuze immer dieses Bild an.

☐ Sich die Zähne putzen

☒ Ein Bad nehmen

☐ Einen Kuchen backen

☐ Einen Purzelbaum schlagen

☐ Eine Laterne basteln

☐ Ein Marmeladenbrot streichen

☐ Zu Mittag essen

☐ Den Zoo besuchen

Mit Zeiteinheiten umgehen

Kreise das richtige Bild ein: Was dauert ungefähr …

… eine Minute?

Schuhe anziehen

Fußballspiel

Film gucken

… eine Stunde?

Banane essen

CD anhören

Klatschen

… einen Tag?

Stift anspitzen

in Urlaub fahren

Müll rausbringen

… ein Jahr?

Trinken

Lied singen

Haus bauen

Größenverhältnisse einordnen

Was ist in Wirklichkeit größer? Kreuze das richtige Bild an.

Geldbeträge vergleichen

Was ist teurer? Kreuze immer den Gegenstand an, der mehr Geld kostet.

X

Was kosten die Dinge? Verbinde sie mit dem richtigen Geldbetrag.

Geldbeträge vergleichen

Was kostet in jeder Reihe am wenigsten? Kreise ein.

Vergleiche die Münzen. Finde in jeder Reihe den größten Betrag.

☐

☐

☐

☐

☐

☐

Unten und oben

Male einen Punkt über alle Gegenstände, die sich im Regal oben befinden. Bei allen Gegenständen, die unten sind, malst du einen Punkt darunter.

Richtungen unterscheiden

Wer bewegt sich nach rechts ⟶, und wer bewegt sich nach links ⟵? Ergänze die richtigen Pfeile.

⟶

Räumliche Zusammenhänge erkennen

Kreise die richtige Antwort ein.

Was steht vor dem Tisch?

Was ist zwischen den beiden Flaschen?

Was ist über den Eiern?

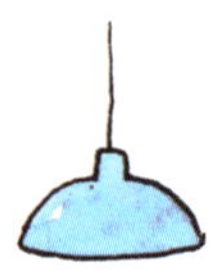  

Was steht unter dem Tisch?

Räumliche Zusammenhänge erkennen

Male die Gegenstände in der richtigen Farbe aus. Gehe Satz für Satz vor.

Über der grünen Kiste steht ein rotes Glas.

Die Kiste neben dem Hut ist gelb.

Neben dem roten Glas steht ein blaues Glas.

Zwischen dem blauen Glas und dem Ball steht ein oranges Glas.

Die Kiste unter dem Hut ist blau.

Das Glas neben den Schuhen ist gelb.

Links von der gelben Kiste steht eine rote Kiste.

Unter der roten Kiste steht eine orange Kiste.

Wege im Raum finden

Auf dem Weg zur Schule sollst du die Straße nur an einem Zebrastreifen oder einer Ampel überqueren. Zeichne den sichersten Schulweg ein.

Wege im Raum finden

Finde den richtigen Weg durch das Labyrinth.

Wege im Raum finden

Folge den Wegbeschreibungen und zeichne die Spielfigur auf ihr neues Feld.

Gehe ein Feld nach links ← und ein Feld nach oben ↑.

Gehe zwei Felder nach oben ↑ und ein Feld nach rechts →.

Gehe ein Feld nach oben ↑, zwei Felder nach links ← und ein Feld nach unten ↓.

Zusammengehöriges erkennen

Was gehört zusammen? Verbinde.

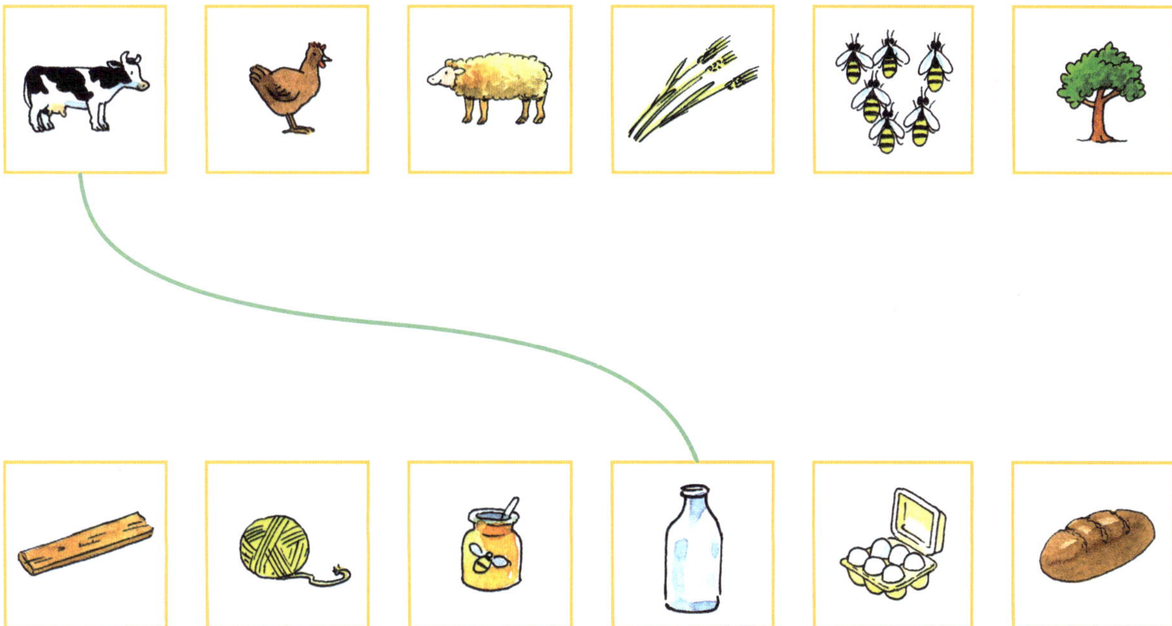

Zu wem passt welche Kopfbedeckung? Verbinde.

Zusammengehöriges erkennen

Was gehört in deine Schultasche? Kreise ein. 

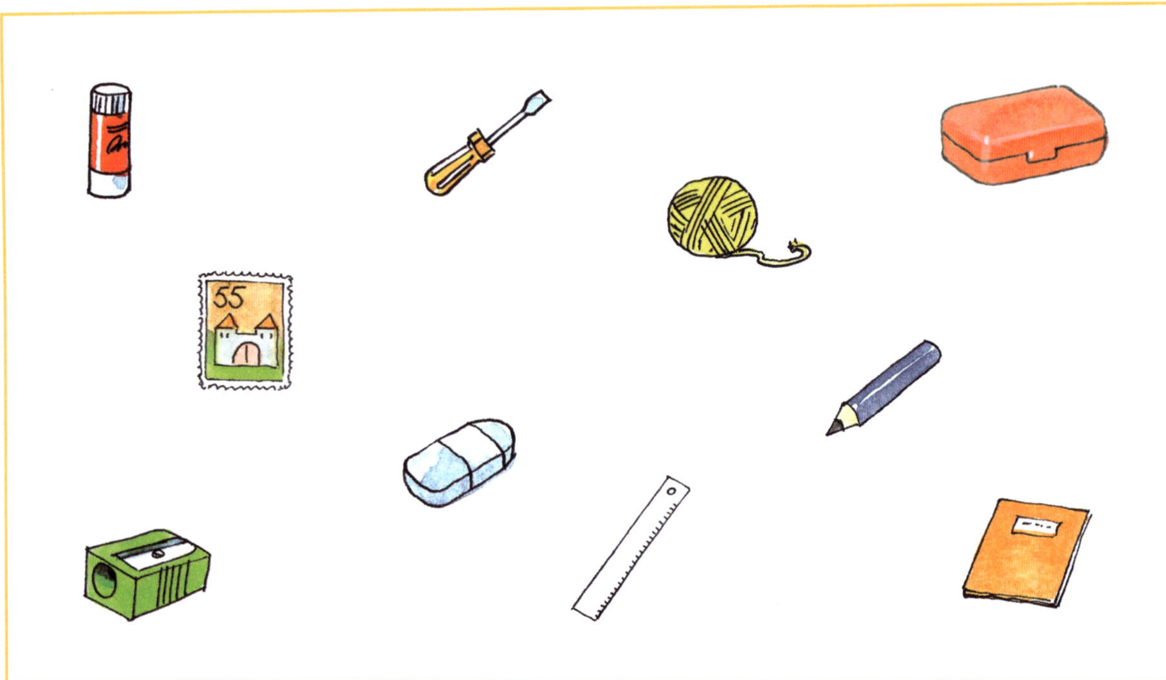

Nun kreise alle Kleidungsstücke ein,
die in deinen Turnbeutel gehören. 

Zusammengehöriges erkennen

Verbinde jedes Möbelstück mit dem passenden Raum.

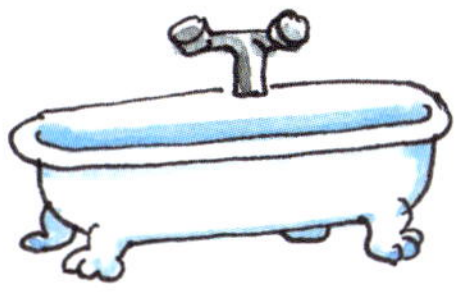

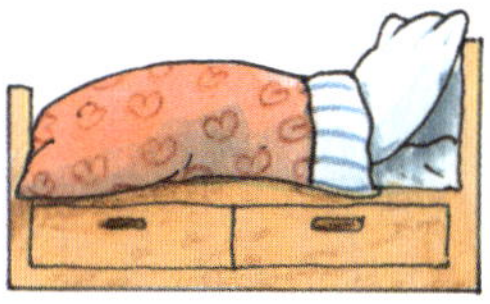

Zusammengehöriges erkennen

Verbinde jede Tierspur mit dem richtigen Tier. Wenn du möchtest, kannst du die Spuren auch bis zu den Tieren weiterzeichnen.

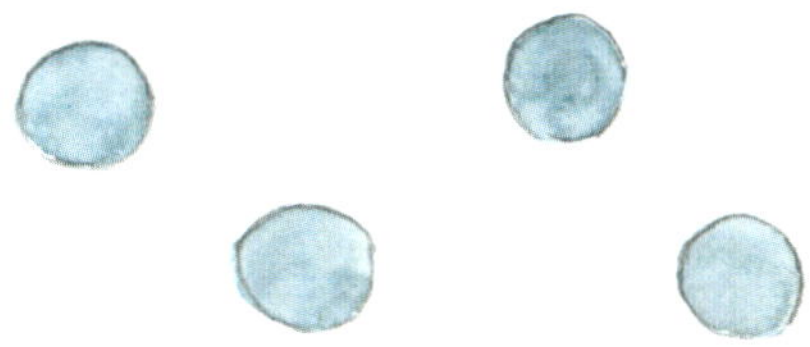

Beobachten und beurteilen

Findest du 6 Dinge, die so nicht stimmen können? Kreuze sie an.

Beobachten und beurteilen

Wer verhält sich richtig, wer verhält sich falsch? Mache ein grünes Häkchen für richtig und ein rotes Kreuz für falsch.

Eigenschaften zuordnen

Kreuze immer den Gegenstand an, zu dem die Beschreibung passt.

Es ist rot, rund und ein Gemüse.

Es ist klein, hat 4 Beine und ist grau.

Es ist orange, hart und man kann es anziehen.

Es ist scharf, lang und gehört in die Küche.

Eigenschaften zuordnen

Male einen roten Punkt • unter alles, was warm ist, und einen blauen Punkt • unter alles, was kalt ist.

Male einen dicken Punkt ● unter alles, was laut ist, und einen kleinen Punkt • unter alles, was leise ist.

Male Wellen ∿∿∿ unter alles, was weich ist, und Zacken ⋀⋀⋀ unter alles, was hart ist.

Male einen gebogenen Pfeil ∿∿↗ unter alles, was langsam ist, und einen geraden Pfeil ⟶ unter alles, was schnell ist.

Ein Mandala ausmalen

Male das Mandala in verschiedenen Farben aus.

Ein Bild ergänzen

Zeichne dazu, was fehlt. Male dann das Bild aus.

Bildausschnitte finden

Male das große Bild aus. Kannst du die Ausschnitte im Bild wiederfinden? Einen davon gibt es nicht. Streiche ihn durch.

Bildausschnitte finden

Hier siehst du Teile des großen Bildes wie mit einer Lupe vergrößert. Verbinde sie mit den richtigen Stellen im Bild.

Dinge im Bild entdecken

Findest du die Gegenstände wieder? Kreise sie im Bild ein.

Dinge im Bild entdecken

In diesem Bild haben sich 10 Mäuse versteckt. Findest du sie alle?

Dinge im Bild entdecken

Findest du die Laternen im Bild wieder? Male sie in den gleichen Farben aus.

Dinge im Bild entdecken

Entdeckst du die Gegenstände im großen Bild? Spure sie nach.

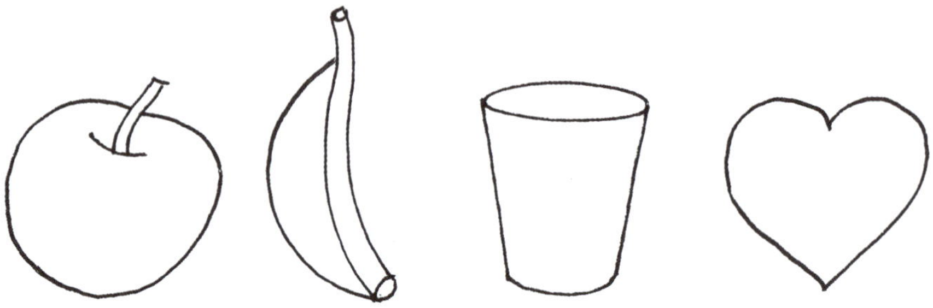

Bilder vergleichen

Immer zwei Schneemänner sehen genau gleich aus. Verbinde sie.

Bilder vergleichen

In jeder Reihe sieht ein Gegenstand etwas anders aus als die anderen. Kreise ihn ein.

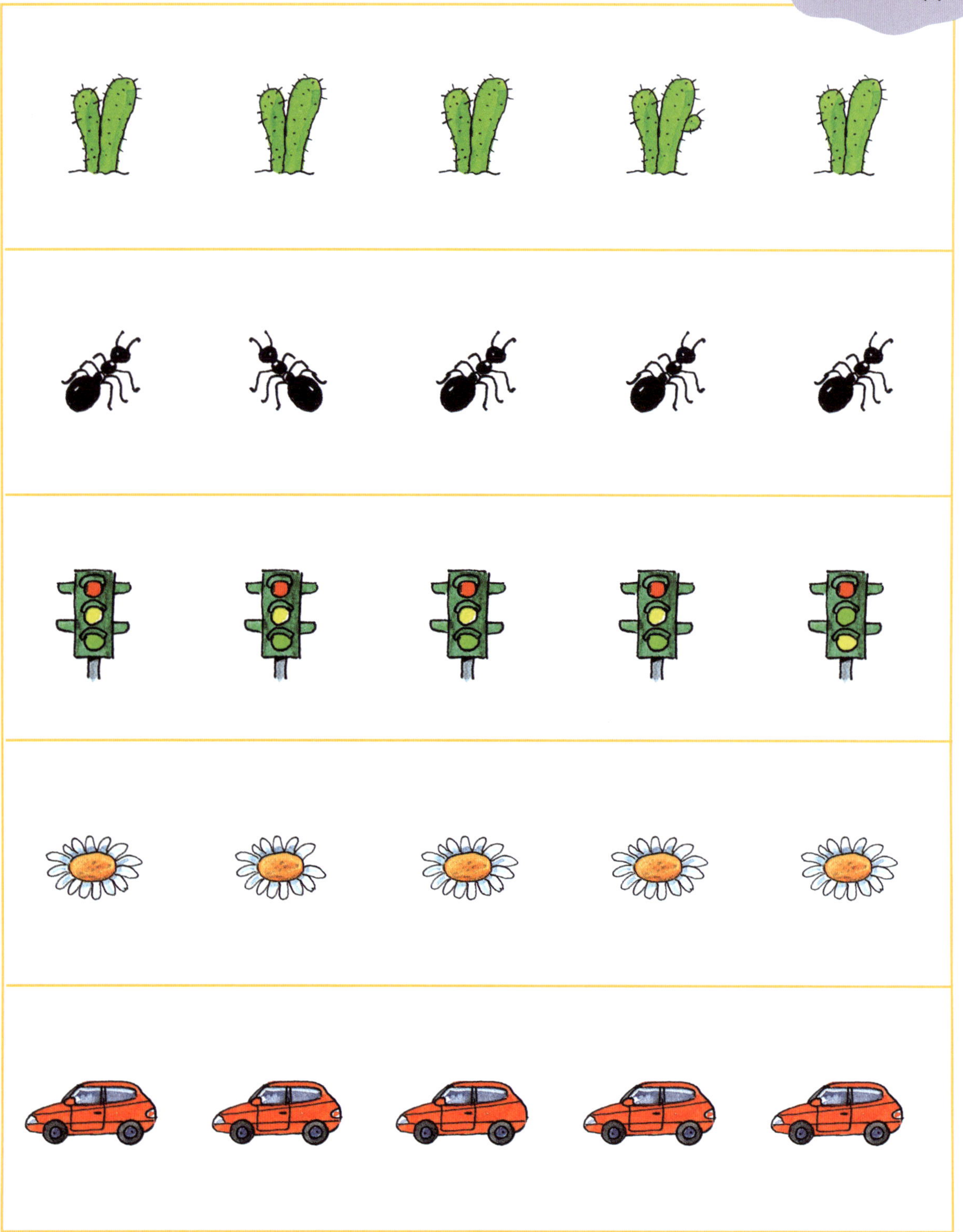

Bilder vergleichen

Bei den Spielsachen haben sich 6 Fehler eingeschlichen. Entdeckst du die Fehler im rechten Bild? Kreise sie ein.

Schau dir die beiden Bilder genau an. Findest du die 6 Unterschiede? Kreise sie ein.

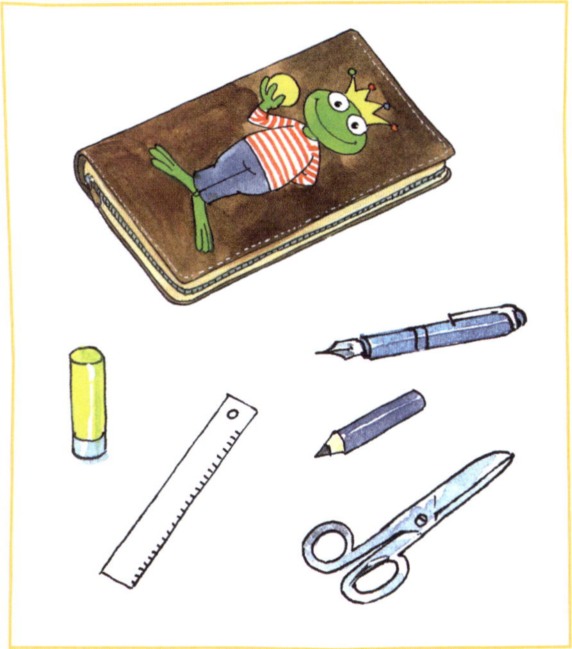

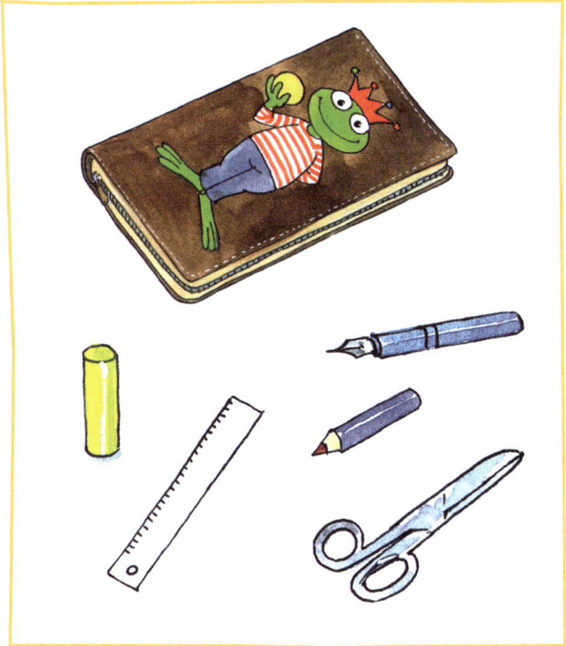

Bilder vergleichen

Die Kinder haben sich verkleidet. Erkennst du sie wieder? Verbinde.

Schatten zuordnen

Verbinde die Gegenstände mit dem richtigen Schatten.

Welcher Schatten ist der richtige? Kreise ihn ein.

Verschiedene Perspektiven erkennen

Hier siehst du die Dinge von der Seite und von oben. Verbinde, was zusammengehört.

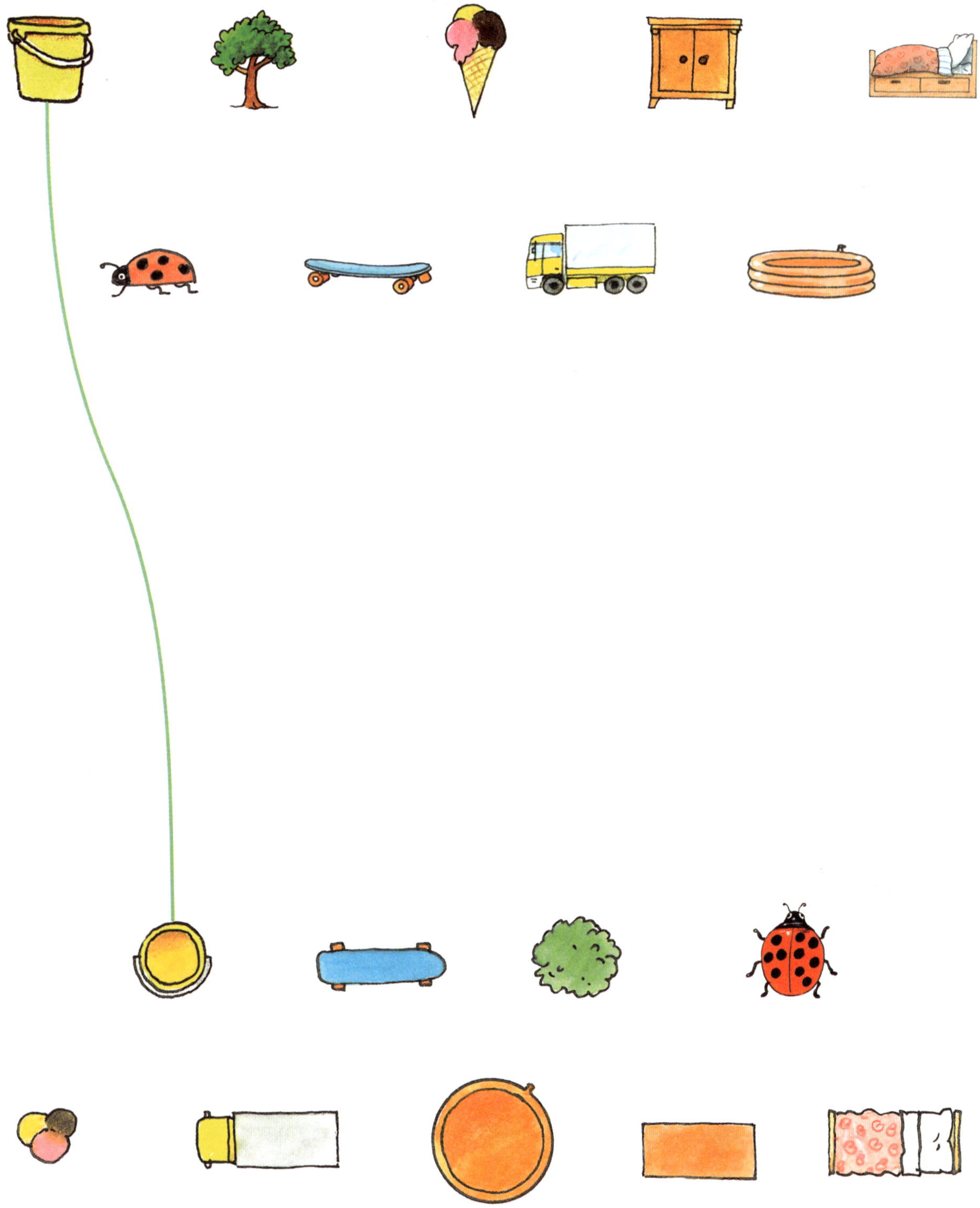

Eine Linie verfolgen

Verfolge die Linien, um herauszufinden, welcher Luftballon zu welchem Kind gehört. Male die Luftballons dann in den Farben der T-Shirts an.

Wege finden

Welcher Ausschnitt fehlt? Zeichne das passende Teil in die richtige Lücke.

Puzzles lösen

Welches Puzzleteil fehlt? Kreise es ein.

Ein Bild ausdenken

Hier fehlt doch etwas! Was könnte der Junge beobachten? Male das Bild zu Ende.

Eine Geschichte erzählen

Erzähle, was passiert. Wie könnte die Geschichte weitergehen?

Eine Geschichte erzählen

Was passiert zuerst, was danach? Verbinde die Bilder in der richtigen Reihenfolge.

Dein Pausenwürfel

Sicher freust du dich schon darauf, in der Schule viel Neues zu lernen. Es ist aber auch wichtig, immer wieder eine Pause zu machen, um dich zu erholen. Dieser Pausenwürfel macht dir Vorschläge, was du in deinen Pausen machen kannst.

So bastelst du deinen Würfel:

Schneide den Würfel aus.

Falte alle Kanten.

Klebe nun den Würfel zusammen.

Fertig ist dein Pausenwürfel!

Schlau mit Spaß!

Lernen und verstehen
Alle wichtigen Lernthemen
gut erklärt und durch
Übungen vertieft

Mein Übungsheft
Vielfältige Übungen
zu allen wichtigen
Lernthemen

Mein 5-Minuten-Block
Kleine Übungseinheiten
für zwischendurch